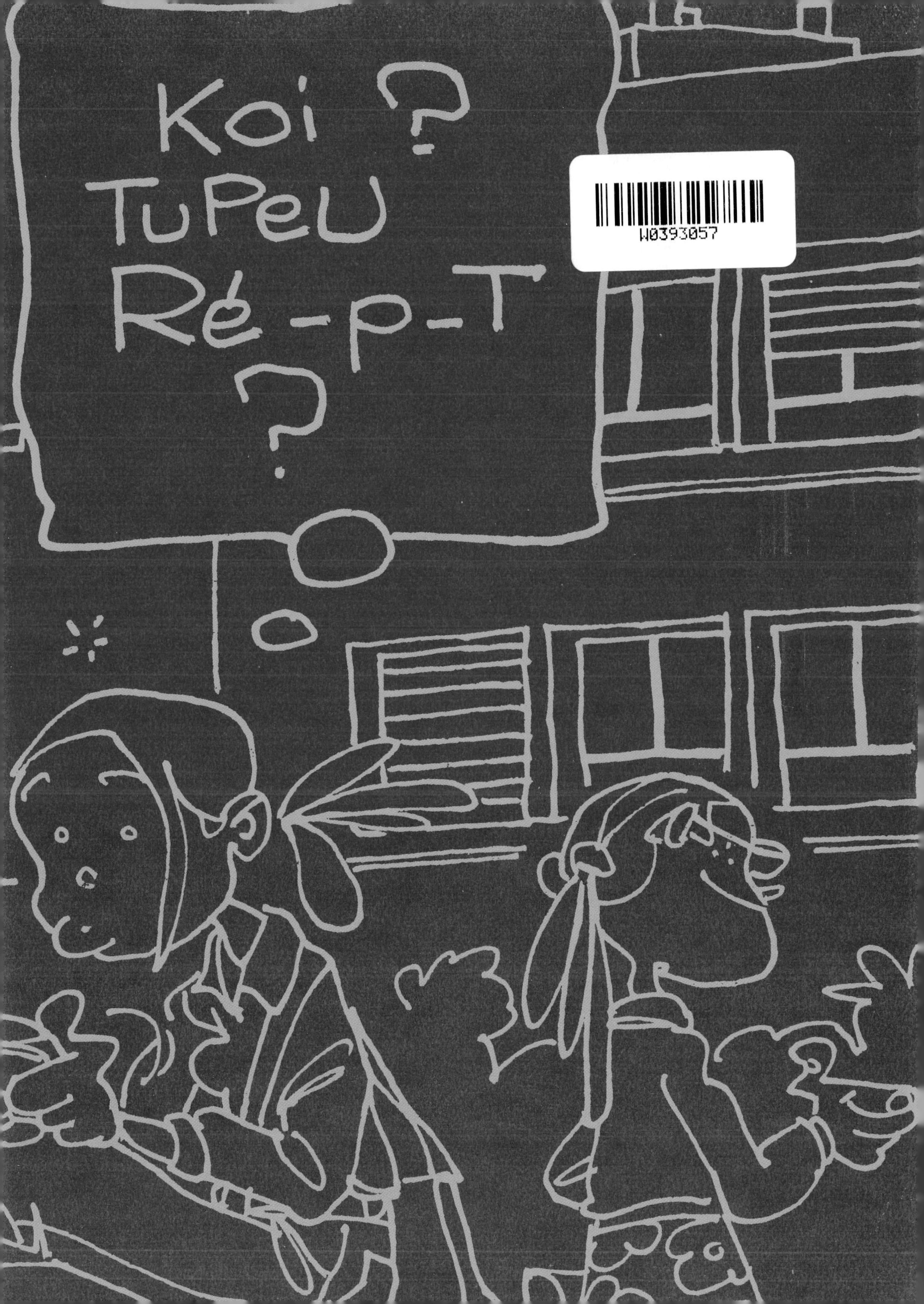
Koi ?
TuPeU
Ré-p-T
?
?

Monsieur B

La vérité sur les ados

ALBIN MICHEL

Cet album a été achevé d'imprimer
en septembre 2003
sur les presses de l'imprimerie Pollina
en France pour Albin Michel

Conception graphique : Luc Doligez
Mise en couleurs : Sophie Dumas

22, rue Huyghens, 75014 PARIS
ISBN 2-226-13888-9
N° d'édition : 22033
N° d'impression : L91050
Dépôt légal : septembre 2003

Un ado c'est quoi ?

"Euh... c'est pas le muscle du nombril ?!"

Ophélie Winter

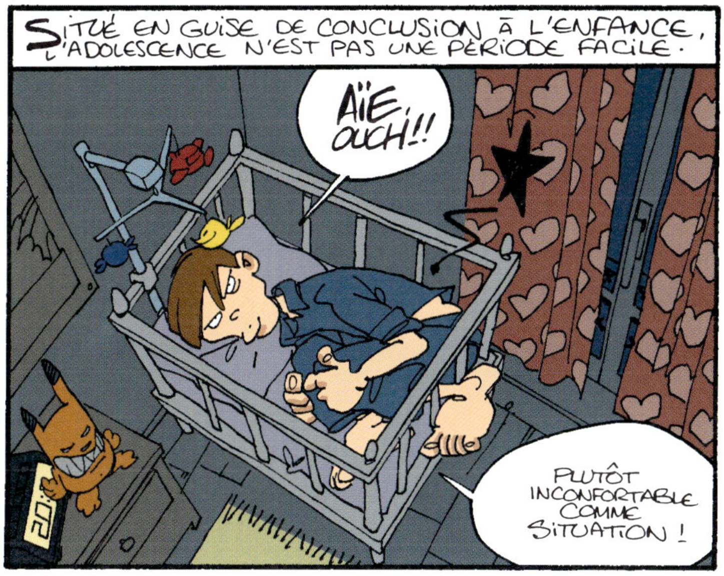
SITUÉ EN GUISE DE CONCLUSION À L'ENFANCE, L'ADOLESCENCE N'EST PAS UNE PÉRIODE FACILE.
AÏE, OUCH !!
PLUTÔT INCONFORTABLE COMME SITUATION !

UN ADOLESCENT VIT DE PROFONDS BOULEVERSEMENTS PHYSIQUES ET PSYCHOLOGIQUES...
HOULÀ, ÇA VA FAIRE UN TROU DANS L'BUDGET, ÇA !!
FROU-FR
...SA PERSONNALITÉ ÉVOLUE, IL COMMENCE À S'AFFIRMER EN TANT QU'ADULTE.
UN PAQUET D'GITANES !! Et, euh... des fraises Tagada !!
TABAC
À CAUSE DE CES TRANSFORMATIONS, LES RELATIONS AVEC LES PARENTS SE MODIFIENT ÉGALEMENT.
TU VEUX TA RACLÉE ?!
CHICHE ?!
L'ADO REVENDIQUE UNE NOUVELLE PLACE AU SEIN DE L'UNIVERS FAMILIAL..., L'HEURE DU CHANGEMENT A SONNÉ.
DIS-MOI, VANESSA, J'CROIS QUE TU ES EN ÂGE DE FAIRE LA VAISSELLE !!
Y A PAS QU'LA "STARAC" DANS LA VIE !!

A chacun son rythme

"J'aurais pas dû accélérer !"

Ayrton Senna

Vous l'avez constaté, un ado passe par différentes étapes, plus ou moins difficiles, marquées de déséquilibres et de crises...
Si, si, j'vous jure, c'était moi, avant !!
La tendance c'est un chouille inversée !!

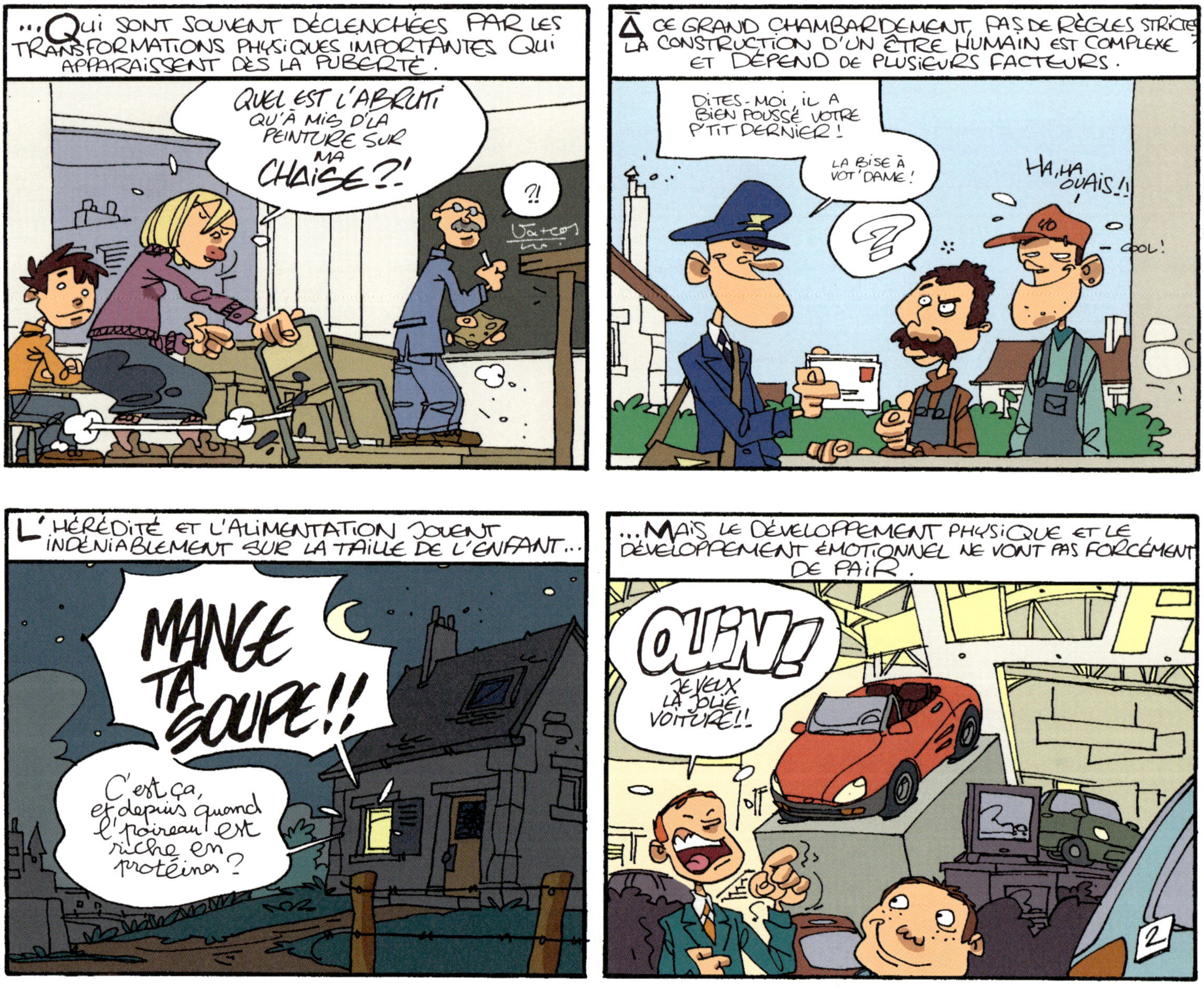
...Qui sont souvent déclenchées par les transformations physiques importantes qui apparaissent dès la puberté.
Quel est l'abruti qu'à mis d'la peinture sur ma chaise ?!
?!
À ce grand chambardement, pas de règles strictes. La construction d'un être humain est complexe et dépend de plusieurs facteurs.
Dites-moi, il a bien poussé votre p'tit dernier !
La bise à vot'dame !
?
Ha, ha ouais !!
Cool !
L'hérédité et l'alimentation jouent indéniablement sur la taille de l'enfant...
Mange ta soupe !!
C'est ça, et depuis quand l'poireau est riche en protéines ?
...Mais le développement physique et le développement émotionnel ne vont pas forcément de pair.
Ouin !
Je veux la jolie voiture !!

La métamorphose

Les précoces

"Euh, poil au gosse !"

Linda de Souza

L'ENFANT QUI SE DÉVELOPPE PRÉCOCEMENT PEUT Y TROUVER CERTAINS AVANTAGES.
ET SI ON S'FAISAIT UN BASKET POUR CHANGER ?!

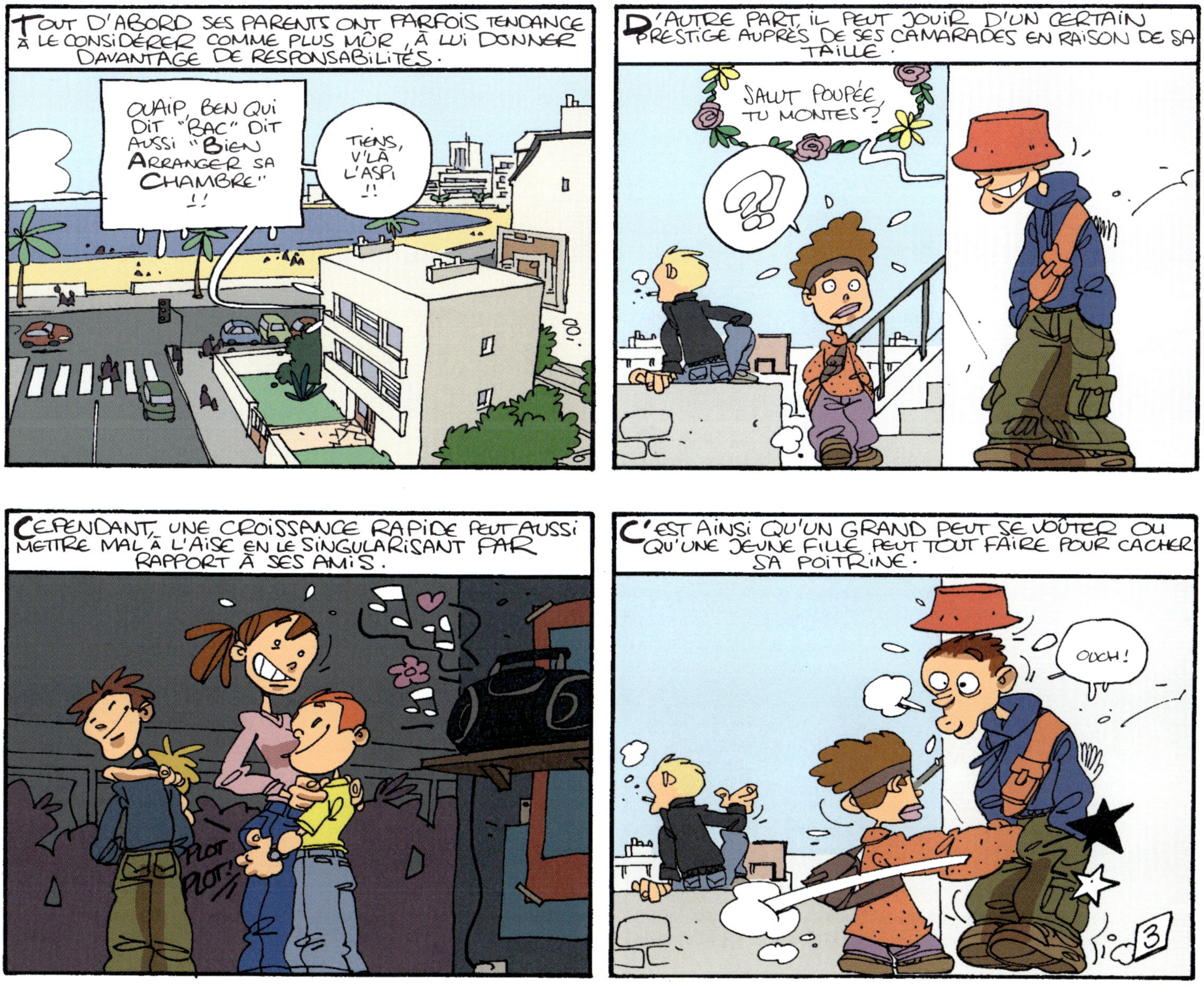

TOUT D'ABORD SES PARENTS ONT PARFOIS TENDANCE À LE CONSIDÉRER COMME PLUS MÛR, À LUI DONNER DAVANTAGE DE RESPONSABILITÉS.
OUAIP, BEN QUI DIT "BAC" DIT AUSSI "BIEN ARRANGER SA CHAMBRE" !!
TIENS, V'LÀ L'ASPI !!
D'AUTRE PART, IL PEUT JOUIR D'UN CERTAIN PRESTIGE AUPRÈS DE SES CAMARADES EN RAISON DE SA TAILLE.
SALUT POUPÉE, TU MONTES ?
CEPENDANT, UNE CROISSANCE RAPIDE PEUT AUSSI METTRE MAL À L'AISE EN LE SINGULARISANT PAR RAPPORT À SES AMIS.
PLOT PLOT!
C'EST AINSI QU'UN GRAND PEUT SE VOÛTER OU QU'UNE JEUNE FILLE PEUT TOUT FAIRE POUR CACHER SA POITRINE.
OUCH !
3

Les tardifs

“Rien ne sert de courir...”

Madame Tortue

SI LE DÉVELOPPEMENT PRÉCOCE PEUT AVOIR DES AVANTAGES, TEL N'EST PAS LE CAS DE LA MATURITÉ TARDIVE, ET CECI QUEL QUE SOIT LE SEXE.
TIENS, TU PROMÈNES TA P'TITE SOEUR ?

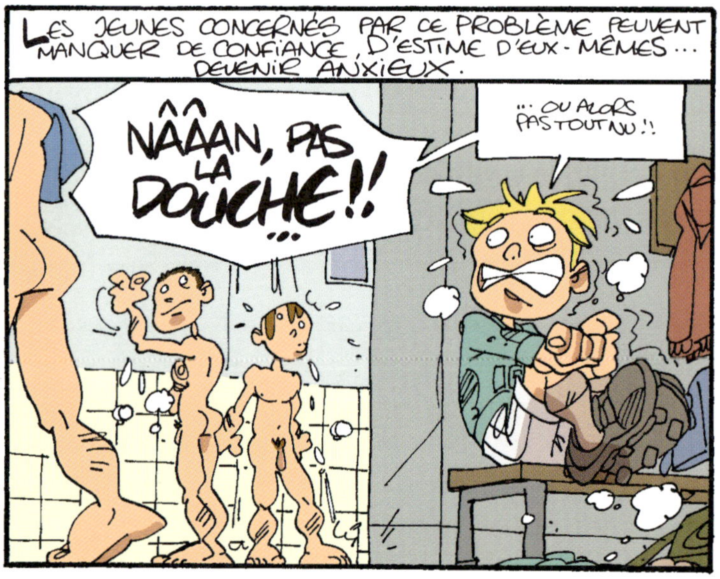
LES JEUNES CONCERNÉS PAR CE PROBLÈME PEUVENT MANQUER DE CONFIANCE, D'ESTIME D'EUX-MÊMES... DEVENIR ANXIEUX.
NÂÂAN, PAS LA DOUCHE !! ...
... OU ALORS PAS TOUT NU !!

LEUR RELATIONS SOCIALES RISQUENT D'EN SOUFFRIR.
Euh, m'sieur, faut faire quoi pour redoubler ?!
?

POUR LES GARÇONS, C'EST UN DÉSAVANTAGE ENCORE PLUS MARQUÉ DANS LEURS RELATIONS AVEC LES FILLES (lesquelles sont plus précoces, physiquement et souvent émotionnellement
Euh, dis "Camion" !!
P'TIT CON !
Ménon, Ca-mion !!

SI LA QUASI-TOTALITÉ DES RETARDS EST TOUT À FAIT NORMALE, EN CAS D'INQUIÉTUDE, IL EST PRÉFÉRABLE DE CONSULTER UN MÉDECIN.
SNIF ? ...
HA, LÀ, LÀ ! VA ENCORE FALLOIR CHANGER TA COUCHE, PAPY !
AGÂGAA !!
4

La métamorphose

Chez les garçons

"Non ?!... ça s'passe comme ça ?!"

Boy George

ENTRE ONZE ET SEIZE ANS LE CORPS CHANGE SI RAPIDEMENT QUE L'ON NE SE SENT PAS TOUJOURS BIEN DANS SA PEAU.
MAIS ?!
NON ! ... TU REMETS TES AFFAIRES DE L'ANNÉE DERNIÈRE; ELLES SONT QUASI NEUVES !!

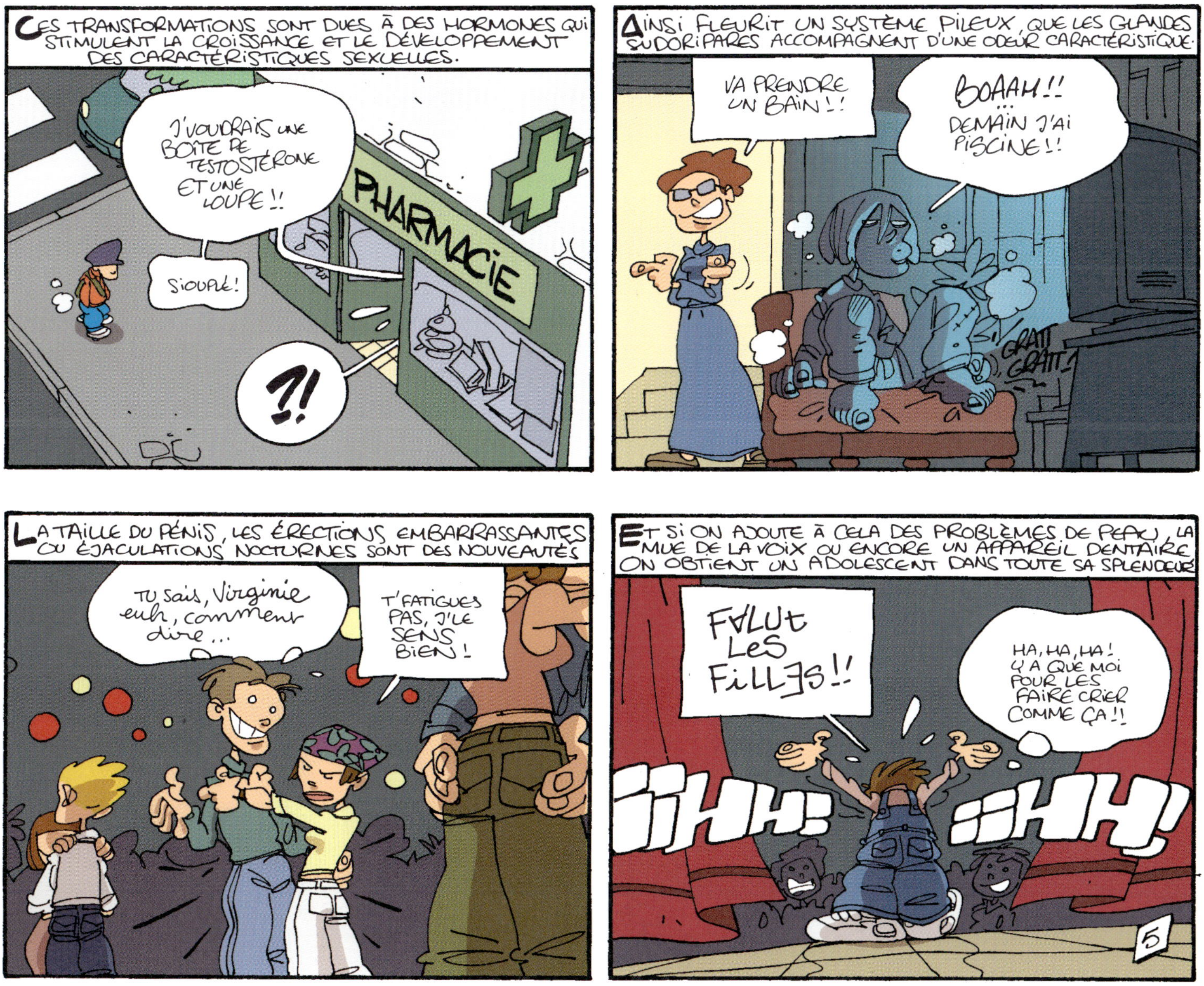
CES TRANSFORMATIONS SONT DUES À DES HORMONES QUI STIMULENT LA CROISSANCE ET LE DÉVELOPPEMENT DES CARACTÉRISTIQUES SEXUELLES.
J'VOUDRAIS UNE BOITE DE TESTOSTÉRONE ET UNE LOUPE !!
SIOUPLÉ !
PHARMACIE
?!
AINSI FLEURIT UN SYSTÈME PILEUX, QUE LES GLANDES SUDORIPARES ACCOMPAGNENT D'UNE ODEUR CARACTÉRISTIQUE.
VA PRENDRE UN BAIN !!
BOAAH !! ... DEMAIN J'AI PISCINE !!
GRATT GRATT !
LA TAILLE DU PÉNIS, LES ÉRECTIONS EMBARRASSANTES OU ÉJACULATIONS NOCTURNES SONT DES NOUVEAUTÉS
Tu sais, Virginie euh, comment dire...
T'FATIGUES PAS, J'LE SENS BIEN !
ET SI ON AJOUTE À CELA DES PROBLÈMES DE PEAU, LA MUE DE LA VOIX OU ENCORE UN APPAREIL DENTAIRE ON OBTIENT UN ADOLESCENT DANS TOUTE SA SPLENDEUR
FALUT LES FILLES !!
HA, HA, HA ! Y A QUE MOI POUR LES FAIRE CRIER COMME ÇA !!
IIHH!
IIHH!

Chez les filles

"Sympa les p'tites poulettes !"

Yves Lecoq

CHEZ LES FILLES, LA PUBERTÉ MODIFIE LARGEMENT LA SILHOUETTE.
COOL, VIV'MENT LA PUBERTÉ !
ados

LA TAILLE S'AFFINE, LES HANCHES S'ARRONDISSENT, LA POITRINE SE DÉVELOPPE...
PURÉE, Y DÉCONNE C'MIROIR ! ...
... SANS DOUTE MAL RÉGLÉ !
... LES GLANDES GÉNITALES SÉCRÈTENT DES ŒSTROGÈNES QUI VONT CIRCULER DANS LE SANG.
WHOÂH !... T'AS VU LA TAILLE DE SES HORMONES ?
CE PREMIER PAS VERS L'ÂGE ADULTE EST ACCOMPAGNÉ DE MENSTRUATION OU RÈGLES...
UNE RÈGLE DANS L'SLIP ? ET POURQUOI PAS UNE ÉQUERRE OU UN COMPAS ?
PFFF !...
... OVAIRES ET UTÉRUS SONT MAINTENANT EN ÉTAT DE FONCTIONNEMENT. LA JEUNE FILLE EST APTE À PROCRÉER.
HA, BEN C'EST ÇA ! ...
... J'AI DÛ TOMBER ENCEINTE EN MANGEANT DES CHIPS !!
ados
6

Ne pas trop en demander

"Encore !"

Monsieur Plus

IL EST NATUREL D'ESPÉRER LE MEILLEUR POUR SON ENFANT...
DES ÉTUDES D'AVOCAT ! VOILÀ CE QU'IL TE FAUT POUR ME SORTIR DE LÀ !!
KISSA, OUAM ?
B93

...MAIS EN MÊME TEMPS, IL PEUT SE CRÉER UN FOSSÉ ENTRE CE QU'IL EST RÉELLEMENT ET CE QU'ON AIMERAIT QU'IL SOIT.
Euh !... un CAP de scieur de barreaux, ça suffirait pas ?
HEIN ?
B93
CONFRONTÉ AUX ATTENTES DES PARENTS, LE FILS OU LA FILLE VONT S'EFFORCER, DANS LA MESURE DU POSSIBLE, DE LES SATISFAIRE.
CE SOIR VOTEZ POUR MA FILLE !!
MISS CAMPING
SI LES EXIGENCES SONT TROP FORTES, L'ADO RISQUE DE LES RESSENTIR COMME UNE ENTRAVE À SA PRISE D'AUTONOMIE.
MAIS J'AI RENDEZ-VOUS AVEC DES COPAINS !!
UN CHAMPION DE KUNG-FU DOIT S'ENTRAÎNER, UN CHAMPION DE KUNG-FU N'A PAS D'AMIS !!
SA RÉACTION PEUT ÊTRE VIOLENTE, PEUT CRÉER UN BLOCAGE... INSTAURE UNE TENSION AU SEIN DE LA FAMILLE.
OK, PETIT DRAGON, FA POUR F'COUP FI !!

Le bon vieux temps

"… celui des dinosaures ?"

Line Renaud

QUELQUES ENFANTS TRAVERSENT L'ADOLESCENCE SEREINEMENT, MAIS LE PLUS SOUVENT IL S'AGIT BIEN LÀ D'UNE PÉRIODE DE TURBULENCES.
ROLLING STONES ?
NON PARKINSON !

LORSQUE L'ENFANT EST PLUS JEUNE, LES PARENTS DISPOSENT DE NOMBREUX POINTS DE REPÈRE : DES OUVRAGES DÉCRIVENT PRÉCISÉMENT L'ÉVOLUTION DU BAMBIN AU COURS DES ANS…
UN PEU D'ENGRAIS DANS L'BIBERON, ÇA DEVRAIT L'AIDER À POUSSER !!
MIÂM !
LES BELLES PLANTES
…AUX SORTIES D'ÉCOLES, LE DIALOGUE AVEC LES PARENTS D'ÉLÈVES ET LES ENSEIGNANTS ÉTAIT AISÉ.
HA, HA, HA ! LE MIEN SAIT LIRE !
HI, HI, HI ! LA MIENNE SAIT ÉCRIRE !
MAIS COMMENT EST-CE POSSIBLE ? ILS VIENNENT DE RENTRER AU CP !!
VOILÀ QUI PERMETTAIT D'ABORDER AVEC UNE CERTAINE SÉRÉNITÉ CHAQUE NOUVELLE ÉTAPE DE LA VIE DE SON REJETON…
OUIN !
CHÉRIE ?! METS-LUI SA MUSIQUE, QU'ON PUISSE DORMIR !!
…MAIS CE N'EST PLUS LE CAS !
FUK FUK ! YEAHH !!
DESTROY !!
CHÉRIE ?! ÉTEINS SA MUSIQUE QU'ON PUISSE DORMIR !

La métamorphose

Toujours en guerre

"C'est désarmant !"

Saddam Hussein

A vivre au quotidien, se battre et débattre sans cesse épuise.
Moi, c'est moi, et toi, tais-toi !!

Si l'adolescent contredit ses parents, c'est qu'il commence à avoir sa propre façon de penser. S'affirmer passe aussi par la contestation.
C'est vrai, s'remettre en question, c'est pas pour les cons !!
Hurmf ?!...
Non Gérard, lâche ce hachoir !!

Évidemment aucun parent n'aime voir sa progéniture être insolente ou renfrognée, mais il ne doit pas pour autant s'en inquiéter
Tchac ! Tchac ! Tchac !
Aaaarghh !!
Quel manque de savoir-vivre !!

Rester ferme en gardant à l'esprit que tout cela est normal aidera à avaler la pilule.
Ha, ha, ha !... Moi aussi j'ai été jeune !! Sympa la déco !
Korn

Accepter la contestation, oui ... mais seulement si elle est justifiée, si elle peut s'argumenter
Ouais, ben j't'avais dit d'prendre à gauche !!

La métamorphose

Chez les parents aussi !

"Hip, Hop, à bas les vieux chnoks !"

Le père Fouras

SI À L'ÂGE DE L'ADOLESCENCE LES JEUNES CHANGENT, LES PARENTS, PAR LA FORCE DES CHOSES, DEVRONT SUIVRE.
TU AS LA PERMISSION DE 20H !!
MAIS À C'T'HEURE-LÀ, L'FILM SERA PAS TERMINÉ !!

AINSI LA VIE FAMILIALE DOIT FRÉQUEMMENT TROUVER UN NOUVEL ÉQUILIBRE.
BON, BEN T'OUBLIES LE CINÉ ET LES COPAINS MAIS J'T'AUTORISE À REGARDER "INTERVILLE"
YES ! J'KIFFE À DONF !!

LES PARENTS ONT BESOIN DE TEMPS POUR S'ADAPTER. L'ÉVOLUTION DE LEURS ENFANTS EST SI RAPIDE QU'ILS ONT SOUVENT UNE LONGUEUR DE RETARD.
TIENS, BON ANNIVERSAIRE MA CHÉRIE !
ELLE TE PLAÎT ?

MÊME S'ILS SAVENT QUE LEUR FILLE OU GARÇON VA SORTIR DE SON COCON, ILS ONT PARFOIS DU MAL À L'ADMETTRE.
TU VAS OÙ ? T'ES PLUS BIEN À LA MAISON ?!
ENFIN, M'MAN, J'VAIS AU LYCÉE !!

RÉCLAMANT À COR ET À CRI DE LA RECONNAISSANCE, C'EST PLUTÔT DE PRÉSENCE QU'ILS ONT BESOIN.
ADADA SUR MON BIDET...
AÏE !
OUCH !

La métamorphose

Des parents à charge ?

"C'est vrai qu'ils sont un peu lourds !"

Babar Junior

DURANT L'ADOLESCENCE, LES PARENTS PEUVENT AUSSI TRAVERSER DES PÉRIODES DIFFICILES, ET CECI POUR DES RAISONS X OU Y.
TU SAIS, TA MÈRE ET MOI ON VA SE SÉPARER ! ...
... T'AS COMPRIS ?
C'EST TOUT C'QUE ÇA T'FAIT ?!
SK8

IL N'EST PAS RARE EN EFFET QUE CES DERNIERS DOIVENT PRENDRE DAVANTAGE EN CHARGE LEURS PROPRES ASCENDANTS...
QUOI ?! MAMY DANS MA CHAMBRE ?!
BEN OUI, PIS VU QU'ELLE EST SOURDE, TU POURRAS QUAND MÊME ÉCOUTER TON HARD ROCK !!
...OU PEUT-ÊTRE VIVENT-ILS UNE PÉRIODE CRUCIALE SUR LE PLAN PROFESSIONNEL.
BON, T'AS TROUVÉ DU BOULOT ? ... C'EST QU'J'AI BESOIN D'ARGENT D'POCHE, MOI !!
BIEN SOUVENT, AU SEIN DE LA FAMILLE, L'ADO SE PREND POUR LE NOMBRIL DU MONDE ET A TENDANCE À ÊTRE QUELQUE PEU PARANO.
COMMENT ÇA, SI J'PARS EN COLO ÇA VOUS FERA DES VACANCES ?! ...
LÂCHER DU LEST, DEVENIR AUTONOME, PARENTS ET ADOS DOIVENT APPRENDRE À VIVRE ENSEMBLE.
ET CE SOIR, LA GRANDE FINALE D'UNE FAMILLE EN OR !!

La smala

"Ça va saigner !"

La famille Adams

LE PARENT IDÉAL N'EXISTE PAS. CHAQUE FAMILLE CRÉE DES RÈGLES ET UN MODÈLE DE FONCTIONNEMENT QUI LUI SONT PROPRES.
DANS LA FAMILLE "TRANQUILLE" JE VOUDRAIS LE PÈRE !
PIOCHE !!

CERTAINS TYPES D'ÉDUCATION SEMBLENT FAVORISER UNE VIE FAMILIALE PEU CONFLICTUELLE...
SALUT !... UN BOUT DE TARTE TATIN ?!

...D'AUTRES UNE SITUATION PARTICULIÈREMENT EXPLOSIVE. CELA SE REMARQUE SURTOUT DURANT L'ADOLESCENCE.
BONSOIR, METTEZ LES PATINS !!

MALGRÉ TOUT CE QUE L'ON POURRAIT CROIRE, LA MAJORITÉ DES ADOS CONSIDÈRE LES PRESSIONS FAMILIALES COMME "FERMES MAIS JUSTES"
OUAIS, ENFIN ÇA, C'EST QUAND ON A FINI PAR AVOIR C'QU'ON VOULAIT !!
N'OUBLIE PAS, TU M'AS PROMIS LA MOYENNE AU PROCHAIN TRIMESTRE !

SI LA RELATION AVEC LA MÈRE RESTE BONNE, CELLE AVEC LE PÈRE EST PLUS DÉLICATE.
QUAND MA REUM POUSSE SA GUEULANTE, MOI, J'MET DES BOULES QUIÈS !
ET CONTRE LES COUPS D'PIED AU CUL DE TON PÈRE, TU FAIS QUOI ?
12

A chacun son caractère

"Un bien trempé, siouplé !"

La poule mouillée

LA FAMILLE EST UN SYSTÈME DYNAMIQUE : CHAQUE RELATION EST DIFFÉRENTE, PUISQUE CHAQUE PERSONNALITÉ EST DIFFÉRENTE.
T'ES BIEN LA FILLE D'TA MÈRE !!
FAIGNASSE !
GROCON !
TRAÎNÉE !

CE QUI EST ADAPTÉ À UN ENFANT NE L'EST PAS FORCÉMENT À UN AUTRE. IL N'EXISTE DONC PAS DE SOLUTION MIRACLE.
TU DEVRAIS LA PRIVER DE DESSERT !
SÛR !
ET TU CROIS QUE ÇA LA GUÉRIRAIT D'SON ANOREXIE ?!

SI L'ON NE PEUT ÉVITER L'INÉVITABLE, IL EST TOUT DE MÊME POSSIBLE D'ARRONDIR LES ANGLES AVEC LES ADOS.
YO, LES D'JEUNS !!
ALORS, ON BRICOLE ?

ÉVITER DE LES CRITIQUER SYSTÉMATIQUEMENT OU DE LES COMPARER AUX AUTRES RENFORCERA LEUR ESTIME D'EUX-MÊMES.
EST CE QUE VOTRE FILS EST LÀ ?!
BIEN SÛR, ENTREZ !! ... JE SUIS CONTENTE DE VOIR QU'IL NE FRÉQUENTE PAS QUE DES VOYOUS !!

LE MEILLEUR ATOUT POUR UN JEUNE EST D'AVOIR UNE FAMILLE DANS LAQUELLE CHACUN PEUT PARLER, EXPLIQUER SES FAÇONS D'AGIR.
ET POURQUOI DONC JE DEVRAIS "ALLER ME FAIRE FOUTRE" ?
HEIN ?
TU PEUX ARGUMENTER ?!
BLAM !
13

Frères et sœurs

"Abel ? il est trop mortel !"

Caïn

DANS L'ENSEMBLE LES RELATIONS AVEC LES FRÈRES ET LES SOEURS SONT DAVANTAGE MARQUÉES PAR LA TOLÉRANCE QUE PAR L'ENTHOUSIASME.
TU VAS AVOIR UNE PETITE SOEUR !
SUPER, ELLE IRA DANS LES BUTS !
SHOOT

LES FRICTIONS SONT PLUS FRÉQUENTES AU DÉBUT DE L'ADOLESCENCE, ENTRE ONZE ET QUATORZE ANS.
IL A PAS D'POILS À LA QUÉQUETTE IL A PAS D'POILS À LA QUÉQUETTE ...
CHUUT !!
HA HA HA

LE SENTIMENT QUE LES PARENTS ONT UNE PRÉFÉRENCE POUR UN FRÈRE OU UNE SOEUR PRÉOCCUPE SOUVENT LES ADOS.
HÉ, PA', DEPUIS QUAND T'AIMES LE GRAS ?!
?!
PFF ! DÉGEULI !!

...TOUT COMME LE FAIT QUE LE FRANGIN OU LA FRANGINE SE MÊLE TROP DE LEUR VIE.
LINKIN PARK
5€ OU J'RACONTE TOUT !!
!

CETTE RIVALITÉ EST UNE DES PRINCIPALES CAUSES DE DISPUTES FAMILIALES.
VAS-Y, TOI, DEMANDE-LEUR !!
NÂN, M'EN FOUS D'TON PARC !
CHOUCHOUTE !
FILS UNIQUE !
Mégaland PARC

Fixer les limites

"Sinon, c'est l'flashball !"

Nicolas Sarkozy

LES ADOLESCENTS SE SENTENT PLUS À L'AISE LORSQU'ILS SAVENT JUSQU'OÙ ILS PEUVENT ALLER.
??
DZUUU!

ILS ATTENDENT QU'ON LEUR IMPOSE DES LIMITES, MÊME S'ILS DÉFIENT LEURS PARENTS SANS CESSE. ILS SE CHERCHENT ET ATTENDENT QU'ON LES TROUVE.
ALLEZ, ALLEZ, J'TE CONFISQUE TON MATOS ! ...
... TU SAIS BIEN QUE C'EST INTERDIT, ÇA FAIT JAUNIR LES PEINTURES !
MAIS CES JEUNES ONT AUSSI BESOIN DE PARENTS CHALEUREUX, QUI LES AIMENT ET LES ACCEPTENT (et non pas d'un geôlier).
TU T'RENDS COMPTE EN PLUS IL MÉLANGE SON HERBE AVEC DU TABAC !!
C'EST HYPER CANCÉRIGÈNE !
LES PARENTS DEVRONT DONC TOLÉRER CE QUI NE PORTE PAS À CONSÉQUENCE ... LÂCHER DU LEST EN QUELQUE SORTE.
OK, POUR LE CRANE RASÉ ... MAIS LA CROIX GAMMÉE TATOUÉE SUR LE FRONT, T'AURAIS PU ÉVITER !!
Ben, pourkoi ?!
ILS DEVRONT MÊME ACCEPTER PARFOIS DE SE LAISSER CONVAINCRE : CE N'EST PAS PARCE QU'ON EST L'AÎNÉ QU'ON DÉTIENT FORCÉMENT LA VÉRITÉ.
MAIS NON, M'MAN, C'EST PAS EN PANNE ... 'FAUT' JUSTE ALLUMER L'ÉCRAN !!
TAP TAP

Respect et équilibre

"Pas facile quand ça glisse !"

Philippe Candeloro

QUAND ON EST PARENT, IL FAUT ÉVITER DE SE FAIRE MANIPULER, DEMEURER RÉGLO ET STABLE.
NON MAIS PUISQUE MON FILS VOUS JURE QUE C'EST UN COPAIN QUI LUI A GLISSÉ D'LA DROGUE DANS SA POCHE !!
...SI, SI, POUR RIGOLER !
COMMISSARIAT

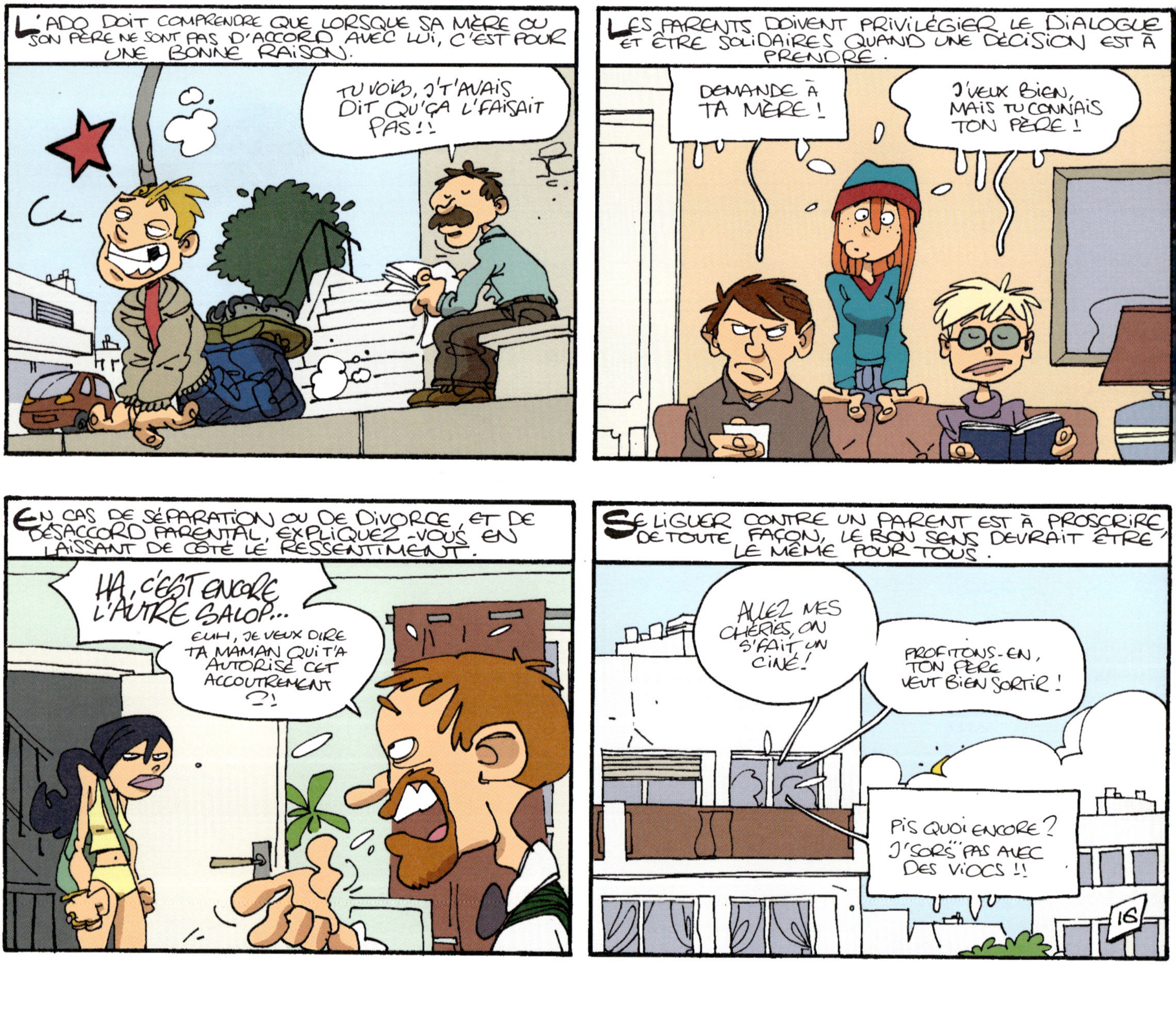
L'ADO DOIT COMPRENDRE QUE LORSQUE SA MÈRE OU SON PÈRE NE SONT PAS D'ACCORD AVEC LUI, C'EST POUR UNE BONNE RAISON.
TU VOIS, J'T'AVAIS DIT QU'ÇA L'FAISAIT PAS !!
LES PARENTS DOIVENT PRIVILÉGIER LE DIALOGUE ET ÊTRE SOLIDAIRES QUAND UNE DÉCISION EST À PRENDRE.
DEMANDE À TA MÈRE !
J'VEUX BIEN, MAIS TU CONNAIS TON PÈRE !
EN CAS DE SÉPARATION OU DE DIVORCE, ET DE DÉSACCORD PARENTAL, EXPLIQUEZ-VOUS EN LAISSANT DE CÔTÉ LE RESSENTIMENT.
HA, C'EST ENCORE L'AUTRE SALOP...
EUH, JE VEUX DIRE TA MAMAN QUI T'A AUTORISÉ CET ACCOUTREMENT ?!
SE LIGUER CONTRE UN PARENT EST À PROSCRIRE, DE TOUTE FAÇON, LE BON SENS DEVRAIT ÊTRE LE MÊME POUR TOUS.
ALLEZ MES CHÉRIES, ON S'FAIT UN CINÉ !
PROFITONS-EN, TON PÈRE VEUT BIEN SORTIR !
PIS QUOI ENCORE ? J'SORS PAS AVEC DES VIOCS !!

Apprendre à négocier

"Bah, on causera après !"

Georges Bush

L'EXPÉRIENCE MONTRE QUE LES CONFLITS SONT MOINS NOMBREUX SI L'ON CHERCHE À RÉSOUDRE ENSEMBLE LES PROBLÈMES, PLUTÔT QU'À IMPOSER DES RÈGLES ET PUNIR.
TU VEUX QUE J'T'AIDE POUR TES DEVOIRS ?
OK ! MAIS COMMENCE SANS MOI, LÀ, J'AI RENCARD !

QUAND ON EST À L'ÉCOUTE DE SON ENFANT, IL A L'IMPRESSION QUE SON AVIS COMPTE, QUE VOUS ESSAYEZ DE COMPRENDRE SON POINT DE VUE, SES DIFFICULTÉS.
TU SAIS, MOI AUSSI J'AI ÉTÉ JEUNE !
OUAIS, MAIS AU MOYEN ÂGE, C'ÉTAIT PAS L'MÊME DÉLIRE !!
SI UN MANQUE OU UNE INTERDICTION DE DIALOGUE S'INSTALLE AVEC LES PARENTS, L'ADO RISQUE D'UTILISER DES MOYENS PLUS OU MOINS AGRESSIFS POUR FAIRE VALOIR SON POINT DE VUE.
BEN, QUOI ? J'FINIS MON ASSIETTE !
J'VEUX PAS T'CONTRARIER !!
CROK !
UNE NÉGOCIATION EST RÉUSSIE LORSQU'IL N'Y A NI GAGNANT NI PERDANT, LORSQUE PERSONNE N'ÉPROUVE UN SENTIMENT D'ÉCHEC.
QU'EST-CE QU'T'AS À FAIRE LA TÊTE ? ... TU Y ES À TA "BOUM" !!
DU CALME ET DE LA BONNE VOLONTÉ DÉCOULE UNE ATTITUDE OUVERTE ET POSITIVE ... QUI ÉVITE LES AFFRONTEMENTS, CONDUIT À LA PAIX.
C'EST SIMPLE : TANT QUE TU SERAS SOUS MON TOIT, TU FERAS C'QUE J'DIRA !
SUR CE, RÉVISE TON FRANÇAIS !
17

Encourager les efforts

"Ho hisse, la saucisse !"

Justin Bridoux

SOULIGNER LES "BONS" COMPORTEMENTS EST IMPORTANT. LES PARENTS ONT TROP SOUVENT L'HABITUDE DE MONTRER DU DOIGT CE QUI EST NÉGATIF.
TON PROF DE SPORT ? DIRECT K.O. ? ... BRAVO FISTON !
OUAIP, PAR CONTRE J'AI ABÎMÉ TA BATTE !

À SAVOIR : ON CONSTATE QUE LES ADOLESCENTS ONT TENDANCE À RÉPÉTER LES COMPORTEMENTS QUI ATTIRENT L'ATTENTION
PROUT !
BEN QUOI, PA', AUJOURD'HUI TU N'TROUVES PAS ÇA DRÔLE ?

MONTREZ-LUI QUE VOUS DÉSIREZ LE MEILLEUR POUR LUI, MAIS LAISSEZ-LE DÉCOUVRIR PAR LUI-MÊME OÙ EST LE BIEN.
J'VEUX UN BALLON ROUGE !
MEUANON ! T'ES ENCORE TROP JEUNE POUR UN BALLON D'ROUGE !!
HIPS !

RESPECTEZ VOS ENGAGEMENTS, SOYEZ COHÉRENT FACE À UNE CERTAINE CONFUSION, QUELQU'UN QUI SE CHERCHE NE SAIT PLUS QUELLE ATTITUDE ADOPTER.
HEIN, M'MAN' QUE TOUS LES ARTISTES C'EST DES PÉDÉS !!
Mais non, enfin ! ... j'ai jamais dit ça euh ...
Bédé, j'ai du causer d'bédé ! ...

ÊTRE PARENT EST UN ART DE DEMI-MESURE, DE SUGGESTIONS SAVAMMENT DOSÉES
ET SI TU RAMENAIS DES BONNES NOTES ?
... POUR CHANGER !!
LIVRET
18

Des règles familiales

"Fais pas ci, fais pas ça !"

Jacques Dutronc

LA VIE FAMILIALE PEUT DEVENIR CHAOTIQUE SI CHACUN ORGANISE SON QUOTIDIEN COMME IL L'ENTEND, QUAND IL LE VEUT.
SERVEZ-VOUS !
Y a plus rien

VOILÀ POURQUOI IL FAUT ÉTABLIR DES RÈGLES.
D'OÙ ÇA SORT QU'J'AI PAS L'DROIT D'FUMER ?
?!!

ÉVITEZ TOUT DE MÊME QUE CES CONVENTIONS SOIENT TROP STRICTES OU RIGIDES. L'ADO, DANS CE GENRE DE CAS, PEUT AVOIR L'IMPRESSION QUE TOUT EST DÉFENDU OU DÉSAPPROUVÉ.
TIENS, EN T'ORGANISANT BIEN, TU PEUX AVOIR UN QUART D'HEURE DE TEMPS LIBRE !!
...
LISTE

LAISSER DE LA LIBERTÉ EST PRIMORDIAL POUR AIDER UN JEUNE À AVOIR UN JUGEMENT, UNE OPINION, DE LA CONFIANCE ENVERS LES ADULTES.
ALLONS, T'INQUIÈTE PAS ! PIS DANS LES BOÎTES GAY, Y VENDENT DES PRÉSERVATIFS !!
GLUPS !

LES ADOLESCENTS ONT UN SENS DE LA JUSTICE TRÈS POUSSÉ. S'ILS DÉTECTENT DE L'HYPOCRISIE, ILS NE RESPECTERONT PLUS LES RÈGLES.
BONNE NUIT MA CHOUPINETTE !
Clic
ROONN PSHIII !!!

Les sanctions

"Quand j'ai dit non, c'est non !"

Oui-Oui

LES PUNITIONS NE DOIVENT ÊTRE APPLIQUÉES QU'EN DERNIER RECOURS. ELLES CONDUISENT À UN POINT DE NON-RETOUR.
CHACAL !... TU AS MENTI !!
CHKLAK !

ELLES INDIQUENT CLAIREMENT À L'ADOLESCENT QUE CE QU'IL A FAIT EST VRAIMENT SÉRIEUX, RÉPRÉHENSIBLE ET INTOLÉRABLE
PASCAL !... TU AS MENTI !!
CHKLAK !

LES LIMITES ONT ÉTÉ DÉPASSÉES, LA NÉGOCIATION A ÉCHOUÉ. RETENEZ-VOUS CAR IL EST PRÉFÉRABLE D'EXCLURE TOUT CHÂTIMENT CORPOREL.
T'AS D'LA CHANCE, CHEZ TOI, C'EST "LA MAISON DU BONHEUR" !
TU PARLES, DIS PLUTÔT "LA MAISON DE CORRECTION" !!

RECOURIR AU RETRAIT D'UN PRIVILÈGE, OU APPLIQUER UNE SANCTION UTILE EST PLUTÔT RECOMMANDÉ.
SI, SI, ATTENDS-MOI, J'PASSE LA TONDEUSE ET J'ARRIVE !!

ÉVITEZ LES MENACES EN L'AIR, LIMITEZ LA SANCTION DANS LE TEMPS.
SI TU N'M'ÉCOUTES PAS, LE GRAND MÉCHANT LOUP VIENDRA TE DÉVORER !!
20

L'ado d'aujourd'hui

Les temps ont changé

"Mais pas moi, baby !"

Austin Power

AUJOURD'HUI, LE MARIAGE INTERVIENT À TOUT ÂGE OU N'INTERVIENT PAS, LE SERVICE MILITAIRE N'EXISTE PLUS...
QUEL DOMMAGE, Y'A PLUS PERSONNE POUR REDRESSER TOUS CES TORDUS !
COOL !
HOHO, HO !
PFFF

...LE BAC EST LOIN DE DONNER ACCÈS À UNE VIE PROFESSIONNELLE, LES ÉTUDES S'ALLONGENT, L'ENVOL DU COCON FAMILIAL EST DE PLUS EN PLUS TARDIF
ET SINON, VOUS SAVEZ FAIRE QUOI AU JUSTE ?!
Ben, euh... du ski !!

CETTE DISPARITION DES "SEUILS" RACONTE BIEN LA TENDANCE ACTUELLE : L'ADOLESCENCE N'EST PLUS UN PASSAGE MAIS UN ÉTAT QUI S'ÉTERNISE.
SALUT FILSTON ! WHÄOU, SUPER TON NOUVEAU DAMART !!

LES ADOS REPRÉSENTENT UN MARCHÉ À PRENDRE, ET ÇA, LES MARQUES L'ONT BIEN COMPRIS.
MORTELLE LA CAGOULE PUMA !... ON VOIT PLUS MES BOUTONS !!
?
GIGA STYLE

"FASHION VICTIMES", ILS SONT UN CIBLE TRÈS COURTISÉE, ILS SONT MOINS MATÉRIALISTES QU'ON POURRAIT LE CRAINDRE.
SUPER TON MAILLOT D'BAIN, T'L'AS ACHETÉ OÙ ?!

L'ado d'aujourd'hui

Qui est-il ?

"Ki c celui là ?"

Pierre Vassiliu

BIEN ÉVIDEMMENT, LES ADOS SONT EN QUÊTE DE REPÈRES RASSURANTS TELS QU'UN MÉTIER, LA FAMILLE OU ENCORE L'AMITIÉ.
NICKEL, J'SUIS L'PLUS BALAISE !

CETTE GÉNÉRATION, DONT LES PARENTS ONT DÉLAISSÉ L'AUTORITÉ AU PROFIT DE LA DISCUSSION, PERPÉTUE LA TRADITION EN ÉTANT À L'ÉCOUTE DU MONDE QUI L'ENTOURE.
BRANLEUR !
POLLUEUR !
BOM !!
L'ÉPOQUE QUE NOUS VIVONS EST LEUR ÉPOQUE. BIEN ANCRÉS DEDANS, ILS Y ÉVOLUENT À L'AISE, PLUS PROCHES D'INTERNET QUE DU BRICOLAGE.
T'AS PAS FAIT L'MÉNAGE !
MÉSSI, AGAD, MA CORBEILLE EST PLEINE !!
PEU SENSIBLES AUX VALEURS COLLECTIVES, INDIFFÉRENTS À LA POLITIQUE (mais soucieux du vote), ILS REVENDIQUENT LEUR INDIVIDUALISME.
J'AI 18 ANS
JE VOTE
ARGH, ZUT ! ... IL NE DISENT PAS POUR QUI !!
POUR EUX, LE BON SENS EST ÉVIDENCE. VOILÀ POURQUOI CERTAINES NOTIONS (comme la liberté) DEVIENNENT SECONDAIRES (puisqu'elle n'est plus à conquérir).
ET QU'EST-CE QUE TU VEUX FAIRE QUAND TU S'RAS GRAND ?
AVENTURIER ! ... COMME ÇA J'SERAI PAS DÉBORDÉ !!

L'ado d'aujourd'hui

Différents stades

"A que je connais celui de France !"

Jhonny

L'ENFANT QUI ENTRE EN CP EST, PAR ENTRAÎNEMENT, SOUMIS AUX MOEURS DES GRANDS DU PRIMAIRE
C'est quoi "labitocirage" ?!
GNERK GNERK !

LES DIFFÉRENTS STADES DE L'ADOLESCENCE COÏNCIDENT AVEC LES "BLOCS SCOLAIRES".
T'ES PRÊT POUR LE COLLÈGE ?
NON, J'COLLECTIONNE ENCORE LES POKEMONS !!

ON EST DU PRIMAIRE, DU COLLÈGE OU DU LYCÉE, ET LES CHANGEMENTS INTERVIENNENT SURTOUT LORS DU PASSAGE DE L'UN À L'AUTRE.
T'ES PRÊTE POUR LE LYCÉE ?
NON ! J'SUIS ENCORE VIERGE !!

À L'AUTRE EXTRÉMITÉ, DE PLUS EN PLUS DE GRANDS ADOLESCENTS S'ATTARDENT CHEZ PAPA-MAMAN.
HÉ, OH, T'ES PAS CHEZ TOI, LÀ !!

LES FAMILLES OÙ L'AUTORITÉ PATERNELLE A ÉTÉ BALAYÉE PAR LA COMMUNAUTÉ ÉGALITAIRE CONTRIBUENT LARGEMENT AU PHÉNOMÈNE "TANGUY".
TIENS, ON T'A TROUVÉ UN APPART' !
GÉNIAL ! ON Y METTRA UN LOCATAIRE ET CA F'RA D'LA TUNE !!

Je n'veux pas grandir

"Pff, n'importe quoi !"

Mimi Mathy

PLUS NONCHALANT QUE REBELLE, LE JEUNE CULTIVE UN "MOI JE" EXIGEANT ET IMPATIENT...
AIDE-MOI, VIIITE !!
NT, NT, NT ! TU OUBLIES LES MOTS MAGIQUES !!

...SE SENTANT QUELQUE PEU LE NOMBRIL DU MONDE. MAIS QUI LES EN DISSUADE ? CERTAINEMENT PAS LEURS PARENTS ADMIRATIFS
ALORS, VOTRE "CRI-CRI" A EU SON BAC C'COUP CI ?
À QUOI BON ?! UNE FUTURE ROCK-STAR N'EN A PAS BESOIN !!
RIEN D'ÉTONNANT DONC À CE QUE L'ADO FASSE SON POSSIBLE POUR PROLONGER CE STATUT DE PRIVILÉGIÉ INSOUCIANT.
ZYVA, RENTRE CHEZ TA MÈRE !!
BEN JUSTEMENT, J'ME SUIS PERDUE, VOUS POUVEZ P'TÊT M'AIDER ?!
POURQUOI ASPIRER À ENTRER DANS L'ÂGE ADULTE QUAND LA SOCIÉTÉ TOUT ENTIÈRE, ATTEINTE DE JEUNISME, ENTRETIENT LE FLOU ENTRE LES GÉNÉRATIONS...
TROP GRUNGE LE VIOC, V'LÀ L'LOOK D'ENFER !
BURPS
...MAINTIENT L'IDÉE QUE POUR DEMEURER CRÉATIF ON NE PEUT ÊTRE RANGÉ. OÙ ADULTE EST SYNONYMÉ D'ESPOIR DÉÇU, D'ABANDON D'AVENIR.
PÊT !
24

Tchatcher le "Djeun"

"Yo"

Tata Yoyo

LE GOÛT POUR LES MOTS DÉFENDUS, LES TERMES OU FORMULES DOUTEUSES SIGNE L'APPARTENANCE À UNE CLASSE D'ÂGE QUI CHERCHE À S'OPPOSER AUX ADULTES.
CENSURÉ
...J'AI DIT PAS DE GROS MOTS À LA MAISON !! ...

LEUR JARGON CODÉ, LUDIQUE, FOISONNANT ET IMAGÉ CORRESPOND À UN INSTANTANÉ D'UNE SOCIÉTÉ DONT ILS SE RENDRONT BIENTÔT MAÎTRES.
WHOAH, TROP D'LA BOMBE !!
LEUR DIALECTE BOUSCULE LA SYNTAXE, CHAHUTE LA GRAMMAIRE.
MADEMOISELLE KARINE, POUVEZ-VOUS ME TRADUIRE VOTRE DEVOIR ?!
ZYVA, M'DAME, SAVEZ PAS CAUSER L'CÉFRAN ?!
VOILÀ QUI EXPLIQUE EN PARTIE LE SUCCÈS DES SMS
KestUdi ?
Koi ? TuPeU Ré-p-T ?
TIT TUT BÉP! TUT
DEPUIS TOUJOURS, REFAIRE LE MONDE PASSE AUSSI PAR LÀ. CE COTÉ SPONTANÉ EST LE TÉMOIGNAGE DE LA SANTÉ D'UNE LANGUE VIVANTE, D'UN PAYS LIBRE DE S'EXPRIMER.
TOU VAS PARLER, SI ?!
Mmm ! ... mMm !!

Toujours plus haut

"Là, j'crois qu'on a touché l'fond !"

Les What for

ET LES PARENTS DANS TOUT CELA ? TOUJOURS LES MÊMES : ILS PRIVILÉGIENT LES RELATIONS AFFECTIVES D'ABORD.
YOUHOUU, MON BÉBÉÉÉ !... J'AI TON GOÛTER !!
...

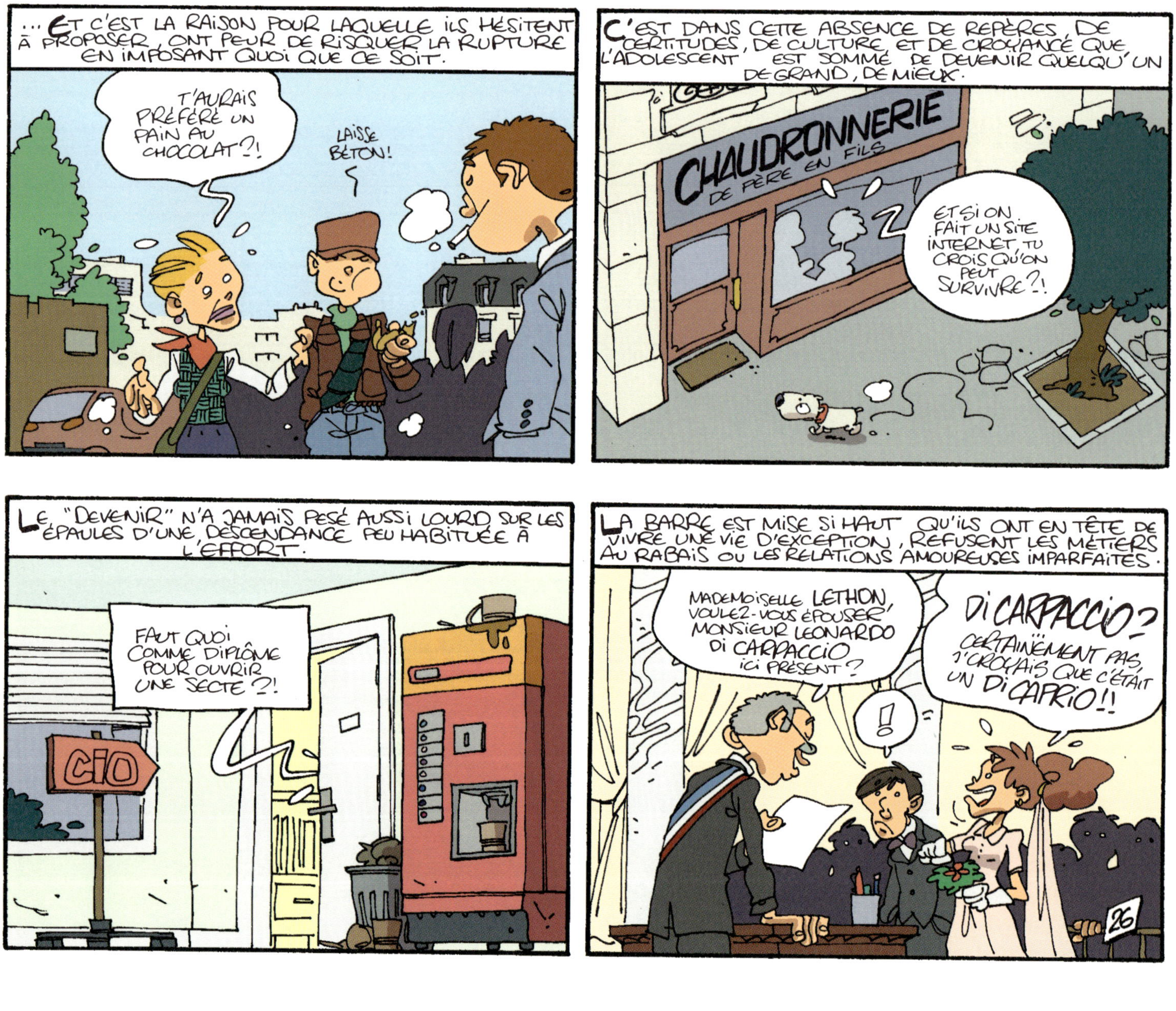
... ET C'EST LA RAISON POUR LAQUELLE ILS HÉSITENT À PROPOSER, ONT PEUR DE RISQUER LA RUPTURE EN IMPOSANT QUOI QUE CE SOIT.
T'AURAIS PRÉFÉRÉ UN PAIN AU CHOCOLAT ?!
LAISSE BÉTON !
C'EST DANS CETTE ABSENCE DE REPÈRES, DE CERTITUDES, DE CULTURE ET DE CROYANCE QUE L'ADOLESCENT EST SOMMÉ DE DEVENIR QUELQU'UN DE GRAND, DE MIEUX.
CHAUDRONNERIE
DE PÈRE EN FILS
ET SI ON FAIT UN SITE INTERNET, TU CROIS QU'ON PEUT SURVIVRE ?!
LE "DEVENIR" N'A JAMAIS PESÉ AUSSI LOURD SUR LES ÉPAULES D'UNE DESCENDANCE PEU HABITUÉE À L'EFFORT.
FAUT QUOI COMME DIPLÔME POUR OUVRIR UNE SECTE ?!
CIO
LA BARRE EST MISE SI HAUT QU'ILS ONT EN TÊTE DE VIVRE UNE VIE D'EXCEPTION, REFUSENT LES MÉTIERS AU RABAIS OU LES RELATIONS AMOUREUSES IMPARFAITES.
MADEMOISELLE LETHON, VOULEZ-VOUS ÉPOUSER MONSIEUR LEONARDO DI CARPACCIO ICI PRÉSENT ?
!
DI CARPACCIO ?... CERTAINEMENT PAS, J'CROYAIS QUE C'ÉTAIT UN DI CAPRIO !!

Des consommateurs en puissance

"On vous ferait avaler n'importe quoi !"

TF1

MAIS EN ATTENDANT DE DEVENIR CE "QUELQU'UN" DE RÊVE, LES ADOLESCENTS SE RETROUVENT SANS AUTRE BUT QUE CELUI DE CONSOMMER.
AVEC "TAILLEFINE MÉGA-LIGHT" VIVEZ À FOND! ...
SCROUNCH MIOM!

CIBLE DE CHOIX POUR QUANTITÉ DE PRODUCTEURS DE CINÉMA, TÉLÉVISION, DE LABELS MUSICAUX, DE FABRICANTS DE MATÉRIEL INFORMATIQUE, SONORE, VIDÉO...
HA, HA, GRÂCE À MON NOUVEL ORDI, J'VAIS ÉCONOMISER GRAVE EN PIRATANT!!
4000 €

...MAIS AUSSI, ET BIEN SÛR, POUR TOUTE UNE CHAÎNE DE PRÊT-À-PORTER, LES ADOS REPRÉSENTENT UN VÉRITABLE EL DORADO DONT LE POUVOIR D'ACHAT NE CESSE D'AUGMENTER.
HA, HA, PIS AVEC LES ÉCONOMIES J'POURRAI M'PAYER À MAX DE FRINGUES!!
TAPATOP TAP
LINKI PAR

DANS LE FLOU D'UNE POPULATION OÙ UN QUINQUAGÉNAIRE PEUT ARBORER BASKETS ET JEANS, L'ADOLESCENT DEVRA SE DÉMARQUER PLUS FORTEMENT ENCORE
TENEZ, V'LÀ MA LISTE D'MP3 ... VOUS LES AVEZ EN VINYL ? ...
... C'EST POUR M'LA JOUER DJ!

LES CODES DE GROUPE SE SONT AINSI RENFORCÉS, ET LA MOINDRE FAUTE TRAHIRA L'IMPOSTEUR.
TIENS, MA PUCE, JE T'OFFRE LES ROLLERS QUE J'AVAIS ÉTANT JEUNE! ... PRENDS-EN BIEN SOIN!!
T'INQUIÈTE, J'VAIS PAS T'LES USER!

La faute des psy ?

"C'est celui qui dit qu'y est !"

Sigmund Freud

DEPUIS LES ANNÉES 60, LES MENTALITÉS ONT ÉVOLUÉ LA VIE FAMILIALE A CHANGÉ DE PROFIL… QUE S'EST-IL DONC PASSÉ ?
COMMENT VOULEZ-VOUS QUE MES GOSSES ME RESPECTENT ?!

LIBÉRATION DE LA FEMME, DE L'ENFANT, LES MENTALITÉS PRÔNENT DORÉNAVANT L'OMNIPOTENCE DE LA DESCENDANCE.
IL EST NÉ LE DIVIN ENFANT…
MAL BARRÉ, J'SUIS TOMBÉ SUR L'ROI DES RINGARDS !
TOUT A ÉTÉ "PSYCHOLOGISÉ" À OUTRANCE, DEPUIS LA NAISSANCE JUSQU'À L'ADOLESCENCE.
FAUT L'LAISSER FAIRE !… NE PAS CONTRARIER SON "LUI" INTÉRIEUR PAR UN "TOI" DOMINATEUR ET CASTRATEUR !!
AGÂA !
?
RIEN DE BIEN ÉTONNANT À CE QUE LE JEUNE SOIT DEVENU TYRANNIQUE. CETTE INVERSION DE L'AUTORITÉ LE FERA AU MOINS AUTANT SOUFFRIR QUE SES PARENTS.
FROUTCH
P'TAIN, MON TOURNEVIS !!
OUPS !… AU TEMPS POUR MOI !
CES DERNIERS CHERCHERONT ALORS DANS LE MALAISE DE LEUR REJETON UN NOYAU NÉVROTIQUE… ALORS QUE LE PROBLÈME EST TOUT SIMPLEMENT ÉDUCATIF.
Mais comment lui faire comprendre sans le froisser qu'on n'insulte pas son père ?!
ET L'COUP D'PIED AU CUL, T'AS ESSAYÉ ?!
28

La panoplie du parfait ado

"Faisons tomber le masque !"

Zorro

LES ACCESSOIRES FONT PARTIE INTÉGRANTE DE LA VIE DE L'ADOLESCENT... ILS SONT (contrairement au sens étymologique du terme) INDISPENSABLES.
TROP MORTEL TON WALK-MAN !
T'MOQUE PAS D'MON SONOTONE !!

TOUT D'ABORD LE TÉLÉPHONE PORTABLE : ACHETÉ PAR LES PARENTS POUR SURVEILLER À DISTANCE LEUR ENFANT, IL EST DEVENU UN VÉRITABLE OUTIL DE COMMUNICATION TRIBAL CUSTOMISÉ.
OAAHRF !... J'M'ATTENDAIS À PIRE !!
Euh, c'est des euros, pa' !!
FACTURE
LES BASKETS : PLUS ELLES SONT CHÈRES, PLUS ELLES SONT COOL. GRÂCE AU SKATE, ILS DEVRONT EN CHANGER SOUVENT.
AU VOLEUR ! RATTRAPEZ-LE !!
C'EST L'OCCASION D'VOIR SI ELLES COURENT VITE !!
SPORT
200 €
LE PIERCING : REBELLE ET COQUET, IL TRANSFORME UN TEENAGER EN GUERRIER OU PRINCESSE GOTHIQUE
VOILÀ, ÇA T'ÉVITERA D'DIRE DES CONNERIES !!
mm mm !...
LA CONSOLE DE JEUX : L'ÉQUIVALENT POUR LES GARÇONS DU LIVRE DES FILLES... VIVE LA CULTURE !
ET DES JEUX DE MATHÉMATIQUES, ÇA EXISTE SUR X-BOX ?!
?!
FUN GAMES
29

Peur de rien

"Même pas du sida ?"

Dracula

FILLES ET GARÇONS À L'ÂGE DU COLLÈGE ET DU LYCÉE N'ONT NI LES MÊMES GOÛTS, NI LES MÊMES PRIORITÉS... MAIS LEURS INQUIÉTUDES SONT IDENTIQUES.
T'AS RÉVISÉ POUR L'INTERRO ?
QUELLE INTERRO ?

BIEN ÉVIDEMMENT, LES JEUNES SONT SOUCIEUX DE LEUR AVENIR PROFESSIONNEL. COMMENT POURRAIT-IL EN ÊTRE AUTREMENT EN PÉRIODE DE CRISE ?
M'DAME, QUAND TOUS LES CHÔMEURS SERONT EN RETRAITE, ÇA FERA PLUS DE BOULOT ?
MAIS CE QUI LES TERRORISE AVANT TOUT, C'EST LA GUERRE. ON SOUS-ESTIME SANS DOUTE TROP L'ANXIÉTÉ QUE DÉVELOPPE CHEZ LES JEUNES L'ACTUALITÉ INTERNATIONALE.
ENCORE UNE CENTAINE DE MORTS EN IRAKISTAN ...
HO, HO, HO !... TROP MAL FAIT LES IMAGES DE SYNTHÈSE !!
GLURPS !
LES ADOS MONTRENT AINSI QU'ILS SE SENTENT TRÈS CONCERNÉS PAR LES ÉVÉNEMENTS QUI NE TOUCHENT PAS DIRECTEMENT LEUR QUOTIDIEN.
QUAND J'PENSE QUE LES MUSULMANES DOIVENT PORTER L'VOILE !!
PFFF, COMMENT C'EST AUCH ! ... T'IMAGINES, EN PLEIN MOIS D'AOÛT ?!
R'MARQUE, ÇA ÉVITE LES COUPS D'SOLEIL !
RACISME, TERRORISME, INSÉCURITÉ ET ÉCOLOGIE LES PRÉOCCUPENT ÉGALEMENT. ILS SEMBLENT PLUS ATTACHÉS AUX VRAIES VALEURS QU'ON NE SERAIT TENTÉ DE LE CROIRE.
MOI C'QUI M'RÉVOLTE, C'EST LES INJUSTICES !!
OUAIS, LA VÉRITÉ !!
MOI AUSSI !!
J'SUIS D'AC' !
PAREIL MÊME !

Conduites à risque

"Comme rouler à gauche ?"

Jean-Marie Le Pen

ENTRE L'ÂGE DU COLLÈGE ET CELUI DU LYCÉE, ON VOIT SE CREUSER CERTAINS ÉCARTS ÉTONNANTS.
ÇA M'APPRENDRA À "SÉCHER" LES COURS !!

LES PLUS SPECTACULAIRES CONCERNENT LES OPINIONS SUR L'ALCOOL, LE TABAC ET LES DROGUES DOUCES.
SANS DEC', TU VAS HALLUCINER !!
SUR LA VIE D'TA REUM !
PSHIII!
CES PRATIQUES SONT CONDAMNÉES PAR UNE LARGE MAJORITÉ DES JEUNES, PUIS ELLES SE BANALISENT.
IL EST DES NOO-ÔO-TRES ...
POC
IL EST VRAI QU'AU FIL DU TEMPS, L'INTÉRÊT POUR LES JEUX VIDÉOS ET LA TÉLÉ S'ESTOMPE AU PROFIT DU PLAISIR DE SORTIR ENTRE AMIS.
...IL A GERBÉ COMME LES ZO-OÔ-TRES !!
HOULÀ, ÇA TIENT MOINS L'PAVÉ QU'SUR "RALLY CHAMPION 2" !!
ON PEUT SUPPOSER QUE CETTE "RECONVERSION" SE SERAIT OPÉRÉE PLUS TÔT SI LES PARENTS L'AVAIENT AUTORISÉ.
ALLEZ, UNE GOUTTE D'GNOLE DANS L'BIB', ÇA VA T'CALMER !!
OUIIN!

Filles et garçons

"J'vois pas l'rapport !"

Bertrand Delanoë

CHEZ LES ADOS, LA NORME DICTE CE QUE L'ON CONSOMME MAIS AUSSI LA MANIÈRE D'ÊTRE ET DE S'EXPRIMER.
OUAIS, BEN OUAM, J'DIS QU' LES MEUFS C'EST TOUTES DES GONZESSES !!
YES !
OUAIS !
J'SUIS D'AC'
OUAIS !
CLAIR !
OUAIS !
OUAIS TOUTES PÉDÉS !

PAR EXEMPLE, UN GARÇON ÉVITERA DE FAIRE DES CONFIDENCES À UNE FILLE, SOUS PEINE D'ÊTRE DÉCONSIDÉRÉ.
SALUT LES FILLES !!
(ATTENTION, V'LÀ UN ESPION !)

LES JEUNES SE RENDENT LA VIE DIFFICILES DANS LEURS RAPPORTS ET NE PEUVENT EXPRIMER QUE CE QUE LE CLAN AUTORISE...
MOI, C'EST UN "JOHNNY DEPP" OU RIEN DU TOUT !
BEN PRÉPARE TOI À "RIEN DU TOUT" !

...LES AMITIÉS SE FONT ET SE DÉFONT AUTOUR DE CES DIKTATS. LES RELATIONS FILLES/GARÇONS S'EN TROUVENT EMPOISONNÉES.
KESTU FOUS ? TU VAS PAS TRAINER AVEC UN RAPPEUR
MÉNON, C'EST UN CYCLISTE !!
KOAN

VOILÀ POURQUOI CONVERSER PAR CHAT OU PORTABLE EST SI IMPORTANT POUR EUX, LEUR PERMET UNE INTIMITÉ À L'ÉCART DE LA PRESSION DU GROUPE.
ALÔSALU-C-MOA, TÉOULÀ ? ...
HEIN ? KOMENÇA : "KIÇAMOUA" ?!

La masturbation

"Bien obligé !"

Robinson Crusoë

L'ACCESSION À LA SEXUALITÉ OFFRE À L'ADOLESCENT UN FORMIDABLE POUVOIR LIBÉRATEUR.
AAAARGHH!
OUiii!!
WC
BEN DIS DONC, T'ES DRÔLEMENT CONSTIPÉ !!

LES PULSIONS ENVAHISSENT LES PENSÉES ET LES COMPORTEMENTS, LA CONDUITE MASTURBATOIRE (et les fantasmes qui l'accompagnent) S'INTENSIFIE.
MAIS KESTU BRANLES À L'ÉCOLE ?
PERSONNE, J'TE JURE ! ... MÊME PAS LES PROFS !!
0/20

CETTE PRATIQUE N'EST PAS VAINE, ELLE PERMET À L'ADO DE SE PRÉPARER À LA RENCONTRE SEXUELLE.
TIENS, BONJOUR PINOCCHIO...
... OH, MAIS COMME TU AS UN LONG NEZ !!

EN CE SENS, L'ONANISME N'EST PAS UN REPLI SUR SOI MAIS, AU CONTRAIRE, UN MOYEN IMAGINAIRE DE S'UNIR À L'AUTRE...
HO, HO, HO !... QU'EST-CE QUE J'T'AI MIS, HIER SOIR !
?!

CELA LEUR APPREND AUSSI À MIEUX SE CONNAÎTRE, À NORMALISER LEUR PERCEPTION DU PLAISIR.
OH, MOUI ! VAS-Y GÜNTHER !!
ET MERD... J'SUIS PÉDÉ !!
DIG DIG DIG

Tout à découvrir

"C'est pas l'Amérique !"

Christophe Colomb

LE RÉVEIL BRUTAL DU DÉSIR SEXUEL AINSI QUE LA POSSIBILITÉ DE RELATIONS DE TYPE "ADULTE" DONNENT À L'ADO UNE OUVERTURE NOUVELLE SUR LE MONDE, LE DÉTACHENT DE L'ENFANCE.
VA DONC, HÉ BRANLEUR !
JALOUX !
BRÈÈM

IL S'AGIT LÀ D'UN MOTEUR DE VIE QUI VIENT RELAYER CELUI QUE REPRÉSENTAIT JUSQU'ALORS L'AMOUR DES PARENTS.
TU FAIS PAS UN BÉCOT À TON PÔPA ?!
SI J'PORTE PLAINTE POUR INCESTE, TU PLONGES POUR DIX ANS !
BIZZ
BIZZ
L'ASSURANCE ET LE BIEN-ÊTRE QUE CELA LEUR PROCURE LES AIDE À PRENDRE LE DESSUS SUR DIFFÉRENTS DEUILS DE L'ADOLESCENCE.
HOULÀ, T'AS VU L'HEURE ?... ON VA RATER "SCOUBIDOU" !
C'EST TOUT C'QUE T'AS À PROPOSER ?
LA SEXUALITÉ EST L'ESSENCE DE L'ÉLAN VITAL.
BON, ON VA FAIRE UN TOUR, VOIR LES COPAINS ?!
MAIS LA SEXUALITÉ PEUT ÉGALEMENT ÊTRE FACTEUR DE STRESS ET DE DÉPRESSION ... DE PASSAGE À VIDE
ALORS, P'TIT SLIP, TU TROUVES PAS ÇA POILANT ?!
HA HAHA !

"A tâtons"

"… et la main au panier !"

Le petit chaperon rouge

GRÂCE À LA PUBERTÉ, UNE SEXUALITÉ DE TYPE ADULTE DEVIENT DONC POSSIBLE. À L'ENTHOUSIASME D'UN NOUVEAU TERRITOIRE À EXPLORER S'AJOUTE LA PEUR DE L'INCONNU.
PARAÎT MÊME QUE TU PEUX PERDRE CONNAISSANCE !
QUOI ?! … ÇA PEUT T'ASSOMER ?!

VOILÀ QUI CRÉE UNE ATTIRANCE NOUVELLE ENTRE FILLES ET GARÇONS ET MET FIN AU CLIVAGE QUI SÉPARAIT LEURS GROUPES DANS LES COURS D'ÉCOLE.
TU VEUX V'NIR À MA BOUM, SAMEDI SOIR ?!
EUH, ÇA DÉPEND, T'Y VAS, TOI ?

MAIS LE RAPPORT INDIVIDUEL FACE AU DÉSIR ET AU COMPORTEMENT SEXUEL SÉPARE TOUJOURS FILLES ET GARÇONS.
ON MET DES SLOWS ?
CLIK
BOAH, T'AS PAS PLUTÔT DU NÉOMÉTAL ?!

LE GARÇON SE SENT, EN MOYENNE, PRÊT PLUS TÔT QUE LA FILLE POUR L'ACTE SEXUEL…
BON, ON Y VA ?!
OÙ ÇA ? À C'T'HEURE-CI TOUT EST FERMÉ !!

…CERTAINEMENT PARCE QU'IL N'ENGAGE PAS L'ENSEMBLE DE SON ÊTRE, PARCE QU'IL EST PLUS FACILE DE PRENDRE QUE DE SE DONNER.
OK, ALORS FERME LES YEUX ET OUVRE LA BOUCHE !!
NON MAIS PIS QUOI ENCORE ?!

Le premier baiser

"Bisou, bisou ?"

Gilbert Bécaud

D'APRÈS CERTAINES ÉTUDES, IL SEMBLERAIT QUE "SORTIR" AVEC UNE FILLE OU UN GARÇON NE SERAIT PAS LIÉ À L'ÉRUPTION HORMONALE MAIS À L'ÂGE.
WHALÂAA !... COMMENT Y VONT S'NIQUER L'DENTIER !!
T'AS KEK CHOSE CONTRE LES AFFAREILS DENFAIRES ?

C'EST VERS 12 ANS QU'IL EN EST QUESTION ET CE SERAIT AVANT TOUT UN PHÉNOMÈNE DE CONVENTIONS SOCIALES.
TU VEUX SORTIR AVEC MOI ?
TU RIGOLES, Y FAIT BIEN TROP FROID !
QU'ILS SOIENT PUBÈRES OU NON, GARÇONS ET FILLES DOIVENT POUR ÊTRE CONFORMES À LEUR GROUPE D'ÂGE, "SORTIR" AVEC UN AUTRE.
SMACK SLURP !
Euh... vous n'finissez pas vot' saucisson à l'ail ?
VOILÀ QUI EST DEVENU UN RITUEL D'ENTRÉE DANS L'ADOLESCENCE.
TU VEUX UN PATIN ? ... QUI ROULE !
EN REVANCHE, LES PENSÉES ET MOTIVATIONS SEXUELLES RESTENT PROPORTIONNELLES AU DEGRÉ DE PUBERTÉ.
?!
ALLEZ VIENS, J'CONNAIS UN "RALLONGI" EN PASSANT PAR LES BOIS !!

Adolescence et sexualité

La première fois

"Et depuis y a pas eu grand-chose !"

Jeanne Mass

LA PREMIÈRE RELATION SEXUELLE, DANS NOTRE SOCIÉTÉ COMME DANS BEAUCOUP D'AUTRES, MARQUE UN TOURNANT DÉCISIF DANS LA VIE ADOLESCENTE.
COMMENT ÇA, TU N'ES "PU-CELLE" QUE J'AI CONNUE ?!
HÉ !

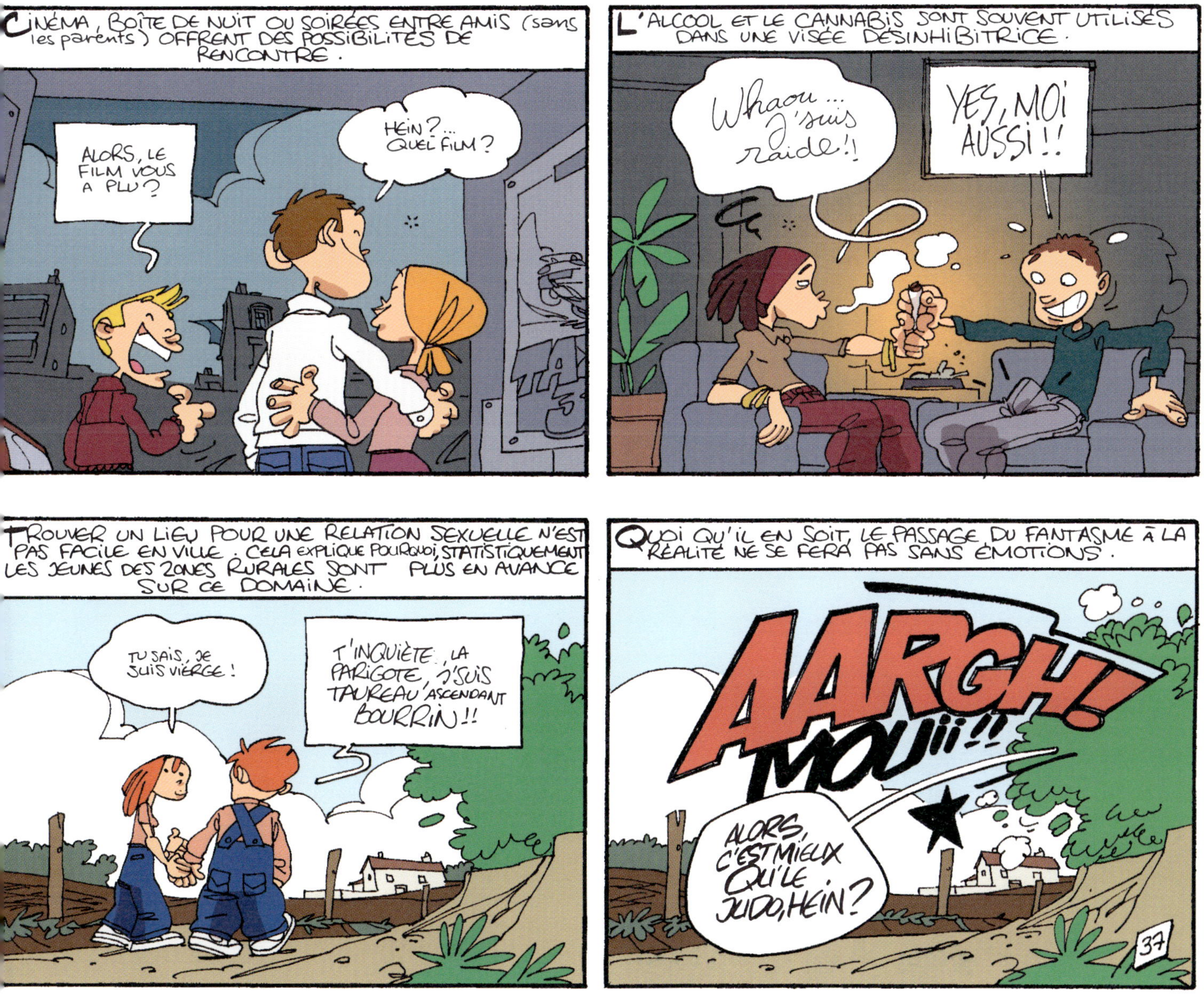

CINÉMA, BOÎTE DE NUIT OU SOIRÉES ENTRE AMIS (sans les parents) OFFRENT DES POSSIBILITÉS DE RENCONTRE.
ALORS, LE FILM VOUS A PLU ?
HEIN ?... QUEL FILM ?
L'ALCOOL ET LE CANNABIS SONT SOUVENT UTILISÉS DANS UNE VISÉE DÉSINHIBITRICE.
Whaou... j'suis raide !!
YES, MOI AUSSI !!
TROUVER UN LIEU POUR UNE RELATION SEXUELLE N'EST PAS FACILE EN VILLE. CELA EXPLIQUE POURQUOI, STATISTIQUEMENT LES JEUNES DES ZONES RURALES SONT PLUS EN AVANCE SUR CE DOMAINE.
TU SAIS, JE SUIS VIERGE !
T'INQUIÈTE, LA PARIGOTE, J'SUIS TAUREAU ASCENDANT BOURRIN !!
QUOI QU'IL EN SOIT, LE PASSAGE DU FANTASME À LA RÉALITÉ NE SE FERA PAS SANS ÉMOTIONS.
AARGH !
MOUiii !!
ALORS, C'EST MIEUX QU'LE JUDO, HEIN ?

Trac et petits tracas

"Moi j'ai rien senti !"

La Vierge Marie

LES CRAINTES AUTOUR DU PREMIER RAPPORT SEXUEL SONT MULTIPLES. LA CRAINTE D'AVOIR MAL CHEZ LES FILLES...
ALORS ?
WHÂOUH... ÇA DÉCHIIIIRE !!
AH BON ?

...CELLE D'UNE "MORSURE" OU D'UNE ALTÉRATION CHEZ LE GARÇON. FAUTE D'EXPLICATIONS CONCRÈTES, L'IMAGINATION VA BON TRAIN.
ET AVEC VANESSA, T'EN ES OÙ
OH, LÀ, LÀ !... TROP CASSE-BURNES !!
AH BON ?
PARMI LES AUTRES INQUIÉTUDES, LA PEUR DE DÉCEVOIR, DE NE PAS ÊTRE À LA HAUTEUR, ET QUE LE OU LA PARTENAIRE EN AVISE L'ENTOURAGE.
ALORS, VERMISSEAU... TOUJOURS PUCEAU !?!
T'AS LA NOUILLE TROP CUITE ?
ON COMPREND MIEUX DANS CES CONDITIONS D'ANGOISSE POURQUOI LA PREMIÈRE RELATION PEUT SE SOLDER PAR UN DEMI-ÉCHEC...
HAAAHH !! TU T'ES FAIT PIQUER PAR UNE GUÊPE ?!
MEUNON, KESTU RACONTES ?!
...LAISSANT L'ADO FACE À SON TOURMENT, LUI RENVOYANT UNE MAUVAISE IMAGE DE LUI-MÊME.
T'AS RIEN VOULU SAVOIR HIER, TU PISSERAS PAS AUJOURD'HUI !!
YOMAN
GROS CON KIPU !
38

Le regard des autres

"J'vois pas c'que vous voulez dire !"
Gilbert Montagné

VOUS L'AVEZ COMPRIS, PLUS QUE N'IMPORTE QUAND, C'EST À L'ADOLESCENCE QUE LE REGARD DES AUTRES A LE PLUS D'IMPORTANCE.
J'ESPÈRE QUE C'COUP-CI IL VA ME REMARQUER !
AGLAGLA
CLAC CLACLAC !

CE REGARD, MIROIR DE SOI, INFLUENCERA LA MANIÈRE DONT L'ADO VA PERCEVOIR SES ACTIONS ET COMPORTEMENTS.
ALLU !... ON S'FAIT LA PISE ?
SNIIRFF !
QUE DALLE, GARDE TES MICROBES !
ELLE EST PAS LÀ TA COPINE ?
S'IL RÉUSSIT AINSI À AVOIR DE L'ESTIME POUR LUI-MÊME, IL AURA LA CONVICTION QU'IL A DE LA VALEUR ET MÉRITE D'ÊTRE AIMÉ.
MAIS QUI C'EST CE MEC CANON QUI OSE SOUTENIR MON REGARD DE FAUVE ?!
IL AURA UNE BONNE ASSISE ET LE SENTIMENT D'AVOIR LES COMPÉTENCES POUR AFFRONTER LA VIE.
HOLÀ, LA GROSSE, FAIS GAFF'... J'SUIS GARÉ EN DESSOUS !!
SES RÉSULTATS SCOLAIRES SERONT MEILLEURS, SES AMITIÉS PLUS NOMBREUSES... C'EST SA RÉUSSITE QUI DEVIENDRA INSOLENTE.
HA, HA, J'CROIS QU'J'AI ENCORE FAIT UNE TOUCHE !!
HI HI HI

L'estime, un besoin légitime

"Il suffit d'être plus que parfait !"

Alain Delon

LA MANIÈRE DONT LES ADOLESCENTS SE VOIENT DÉPEND DE LA FAÇON DONT L'ENTOURAGE LES CONSIDÈRE.
AÏE!
NON PA' !!
PAF !!
TIENS, PRENDS ÇA, FILS D'ABRUTI !!

LE JUGEMENT DES AMIS ET SURTOUT CELUI DE LA FAMILLE ONT UNE IMPORTANCE CAPITALE : LE MONDE EST PLEIN D'ADULTES QUI S'ACHARNENT ENCORE À GAGNER L'ESTIME DE LEURS PARENTS.
AÏE, M'MAN, J'SUIS MÉDECIN, J'VAIS POUVOIR SOIGNER TA CIRRHOSE!
ENTRE 11 ET 14 ANS, UN ADO N'EST PAS ASSEZ SÛR DE LUI POUR CROIRE QU'ON VA L'AIMER POUR LUI-MÊME...
SALUT LA COMPAGNIE !!
...IL ATTACHE DONC UNE GRANDE IMPORTANCE AUX APPARENCES.
SALUT LA COMPAGNIE !!
AU FIL DU TEMPS, IL DEVIENT CAPABLE DE COMPTER SUR D'AUTRES ATOUTS COMME L'ESPRIT, L'INTELLIGENCE, LE CHARME, LA CONFIANCE EN SOI.
SALUT LA COMPAGNIE !!

Trop les boules

"J'aurais pas dû les enguirlander !"

Le Père Noël

L'ADO RESSENT LA MÊME GÊNE ENVERS SA FAMILLE QU'ENVERS LUI-MÊME.
MON DIEU, C'EST VOTRE PORTRAIT TOUT CRACHÉ !!
LA CLASSE !!
PÉTASSE !!

IL PEUT ARRIVER QU'IL NE SUPPORTE PAS QUE SES PARENTS ATTIRENT L'ATTENTION SUR EUX ET, PAR RICOCHET, SUR LUI.
HEY, MATHILDE, Y A TON PÈRE QU'EST BOURRÉ ET QUI DÉGUEULE PARTOUT !!
BEUÂARK !

CETTE GÊNE PEUT SURPRENDRE ET BLESSER. IL NE FAUT PAS SE FORMALISER ET SAVOIR SE MONTRER DISCRET DANS CERTAINS CAS.
ÇA FINIT À QUELLE HEURE LEUR FIESTA, J'BOSSE DEMAIN, MOI !
BOUM ! BOUM !

LA SITUATION EST BIEN DIFFÉRENTE LORSQUE LA FILLE OU LE FILS ATTEIND 17 OU 18 ANS.
BON ELLE RENTRE À QUELLE HEURE J'AI BESOIN D'LA BAGNOLE, MOI !!

L'ADO PEUT SE MONTRER FIER DE LA RÉUSSITE DE SES PARENTS ET PLUS TOLÉRANT ENVERS LEURS EXCENTRICITÉS, OU CE QU'IL CONSIDÈRE COMME TEL
WHOA, ZWA, TA MÈRE EN SHORT !
NORMAL ! ... LA MIENNE N'A PAS D'CELLULITE, ELLE !
41

Bon courage

"Allez, j'me lance !"

Ariane 5

ELLES SONT LONGUES LES ANNÉES DE PASSAGE ENTRE LE MONDE DE L'ENFANCE ET CELUI DES ADULTES.
PURÉE, SI J'VAIS JUSQU'AU BAC, J'EN PRENDS POUR 7 ANS MINIMUM !!
COLLÈGE

ET COMME TOUT CE QUI DURE TROP LONGTEMPS APPORTE LE DOUTE, IL N'EST PAS ÉTONNANT D'OBSERVER CHEZ LES PARENTS UNE CERTAINE ANXIÉTÉ EN CE QUI CONCERNE LE DEVENIR DE LEUR PROGÉNITURE.
ALORS ?
BEN SI VOUS VOULEZ DES BONNES NOUVELLES, ÇA VA ÊTRE PLUS CHER !
À LA CROISÉE DE PLUSIEURS CHEMINS, LES JEUNES DOIVENT FAIRE LE POINT, FAIRE DES CHOIX.
T'EN VEUX ?
Oui, euh, non ! paske... euh, j'ai arrêté !!
POUR ASSUMER LEUR SEXUALISATION, LEURS DÉSIRS, LES ADOS DOIVENT SE TROUVER, IMPOSER LEUR PLACE, PROUVER LEURS COMPÉTENCES.
T'EN VEUX ?!
Oui, euh, non ! moi... j'en suis plus là, j'fume du Crok !
le crok, c'est cool !
CECI DANS LA SOCIÉTÉ, MAIS AUSSI AU COEUR DE LA FAMILLE. UNE FAMILLE DONT ILS DOIVENT ÉGALEMENT ENDOSSER LE POIDS DE L'HISTOIRE.
T'EN R'VEUX ?
AH, C'EST PAS D'REFUS !!
M'ENFIN, PAPA !!

En conclusion

Conseils aux parents

NE CHERCHEZ PAS TROP À COMPRENDRE VOS ADOS, AIMEZ-LES COMME ILS SONT ET NON COMME VOUS AIMERIEZ QU'ILS SOIENT...
HA, HA !... SUPER TON NOUVEAU PIERCING, FILSTON !!
YES ! GÉNIAL TA CRAVATE, PA' !!
HIP ! ...
... HOP!

"Va boire ailleurs si j'y suis !"

Charlotte Gainsbourg

...CONTENTEZ-VOUS DE TENIR VOTRE POSITION DE PARENT : D'ÊTRE PRÉSENTS, À L'ÉCOUTE ET RESPONSABLE.
HOULÀ, TOUT DOUX, LÀ !!
IL NE SUFFIT PAS DE FAIRE DES ENFANTS, ENCORE FAUT-IL S'EN OCCUPER ET MONTRER L'EXEMPLE AVANT D'OSER DEMANDER DU RESPECT.
ESPÈCE D'FAIGNANT, C'EST QUOI CES RÉSULTATS D'BON À RIEN ?!
LIVRET SCOLAIRE 1966
LES TIENS ! J'AI RETROUVÉ ÇA AU GRENIER !
TROP DE PARENTS N'ACCORDENT DE LA VALEUR QU'À LEUR VIE PROFESSIONNELLE, COMBLANT LE VIDE QU'ILS LAISSENT DERRIÈRE EUX PAR DE L'ARGENT DE POCHE.
SI T'AS TON BEPC, J'T'OFFRE UNE MOBYLETTE !
MAIS, M'MAN, J'SUIS EN PREMIÈRE !!...
C'EST CERTAINEMENT PARCE QU'ILS ONT DU MAL À S'ASSUMER EUX-MÊMES QU'ILS AGISSENT DE LA SORTE, PARCE QU'ILS ONT MANQUÉ DE RECONNAISSANCE DURANT L'ADOLESCENCE.
AU SECOURS, UN CAMBRIOLEUR !!
MAIS NON, C'EST MOI, TON PÈRE !!
(JE RENTRE À L'INSTANT...)

L'ado, l'avenir de l'homme

"Plus pour longtemps !"

Nostradamus

LES TEMPS ONT CHANGÉ, TOUT CE QUI SEMBLAIT ACQUIS S'ÉVANOUIT, L'ENFANT EST DEVENU ADO.
BON, J'REVIENS TOUT À L'HEURE !
INCROYABLE IL S'EST LAVÉ SANS QU'ON LUI DEMANDE !!

COMME NOUS VENONS DE LE VOIR, DE PROFONDS CHANGEMENTS DE PERSONNALITÉ SONT À PRÉVOIR, DES TENSIONS À VENIR. MAIS CETTE CRISE D'ADOLESCENCE EST UNE CRISE NÉCESSAIRE, CAR C'EST ELLE QUI FAIT, QUI A FAIT OU QUI FERA DE VOUS UN ÊTRE D'EXCEPTION.
NON, C'ÉTAIT VOUS, ÇA ?!
HO, HO, HO !... DORÉNAVANT VOUS M' PARLEZ PLUS D'MON LOOK !!
FAIS VOIR !

KestUdi ?
TIT
TUT
BÊP!
TUT